Joyeux

Une histoire écrite par Jennifer Dalrymple
illustrée par Jacques Azam

BAYARD POCHE

Jennifer Dalrymple est née en 1966 à San Francisco, aux États-Unis, mais aujourd'hui elle vit en France. Elle est auteur et illustrateur depuis 1990. Elle écrit essentiellement pour l'École des Loisirs et Bayard Jeunesse.

Du même auteur dans Bayard Poche :

Trois rollers pour deux - L'ami sauvage - Manju et les samouraïs (J'aime lire)

La vieille dame et le fantôme - La bibliothèque ensorcelée - Crapotin - P'tit Jean et la sorcière- Le château hanté - L'auto fantôme - Hurlenfer - Les cinq fantômes - Bouboul Maboul - Le sifflet du diable - L'arbre aux secrets - Ma mémé sorcière - Mon copain vampire - Le mariage de mémé sorcière (J'aime lire)

Jacques Azam est né en 1961 dans le Tarn. Il vit aujourd'hui à Toulouse avec sa famille. Autodidacte, il a commencé par faire des dessins de presse adulte. Puis il s'est orienté vers la jeunesse, pour la presse et l'édition. Ses ouvrages sont publiés chez Milan, Bayard Jeunesse et Nathan.

Du même illustrateur dans Bayard Poche :

Le jardin de la sorcière - Charlie le fantôme - Mon animal à moi (J'aime lire)

Troisième édition

© 2005, Bayard Éditions Jeunesse
© 2002, magazine *J'aime Lire*
Tous les droits réservés. Reproduction, même partielle, interdite.
Dépôt légal : février 2005
ISBN : 978-2-7470-1574-5
Loi du 16 juillet 1949 sur les publications destinées à la jeunesse.

Joyeux anniversaire !

1
L'agenda

– Joyeux anniversaire, Gabriel ! me dit maman.
Pour mes huit ans, maman et moi, nous faisons une petite fête. Maman a décongelé un gâteau à la framboise et, moi, j'ai mis le couvert.

Papa a téléphoné ce matin, avant de partir au bureau. Ça fait un an que mes parents sont séparés, et c'est mon premier anniversaire sans papa.

Papi et Mamie ne sont pas là non plus. Ils sont en voyage dans le pays berrichon*, mais ils m'ont envoyé une carte postale (un pêcheur avec une truite).

Et mes autres grands-parents, eux, ils ont simplement oublié, mais ça, c'est habituel.

Maman a posé un paquet sur mon assiette. J'essaie de deviner ce que c'est, à travers le papier noir aux dessins dorés. Ça n'a pas la forme d'un CD-Rom, encore moins celle d'un robot. Mon rêve, c'est un robot Dexter lance-torpilles, mais je ne l'aurai jamais ! Je déchire le papier...

* La région du Berry, au centre de la France.

J'en étais sûr, c'est un cadeau de « grand », un truc sérieux : un agenda multi-sections.

Maman est tout excitée, c'est normal : c'est elle qui l'a choisi.

– Regarde, Poussin, c'est un vrai agenda, comme ceux des hommes d'affaires. Il y a un calendrier et les plans des plus grandes villes d'Europe. Tu vas pouvoir écrire ton emploi du temps de la semaine, et tenir les comptes de ton argent de poche.

Les mots tombent de sa bouche à toute allure et rebondissent dans mes oreilles. Elle ne me demande même pas si son cadeau me plaît, et elle ne voit pas que je suis déçu.

Maman me prend l'agenda des mains :

– Et si on commençait à le remplir, hein, Bichon ? Donc, lundi, mardi, jeudi, vendredi et samedi matin, école. Une semaine avec moi, et une semaine avec ton père. Lundi soir, solfège, mercredi matin, tu fais tes devoirs, c'est madame Léonce qui te garde, et l'après-midi tu vas au judo. Samedi, c'est le jour de Papi et Mamie, et à trois heures tu as informatique...

Je rajoute :

– Le jeudi soir, je fais du rattrapage de maths, et, le dimanche, Papa m'emmènera au tennis.

Maman a l'air surprise :

– Ah bon ? C'est ton père qui a décidé ça ? C'est bien, continuons. Tiens, tu n'as rien le mardi ni le vendredi… Ça te dirait de faire de la natation, ou de la peinture ?

Mon morceau de gâteau se bloque dans ma gorge, je ne peux pas répondre, même pas le temps de dire « non ».

Maman referme déjà l'agenda, satisfaite :
– On verra ça, pour tes jours vides. Le temps, c'est précieux, il ne faut pas le gâcher !

Elle ouvre la bouteille de coca, je bois en silence et je m'interroge : « Joyeux anniversaire ? »

2
L'ami Fernand

Dans ma classe, tout le monde s'entend bien. C'est un des endroits où je me sens le mieux et le maître a plein d'idées d'activités.

Le plus drôle de la classe, c'est Fernand. Il nous fait rire, et il sait plein de choses. Il regarde tout le temps la télévision, mais pas que les dessins animés. Il regarde les informations et des reportages sur toutes sortes de sujets. Et le lendemain, il nous en parle.

La semaine prochaine, samedi, c'est l'anniversaire de Fernand. Pour le fêter, il a invité toute la classe, et il nous a promis plein de gâteaux et des jeux marrants.

Pendant la récréation, je vais voir Fernand. Je lui explique que, malheureusement, le samedi je ne peux pas. Je dois aller voir mes grands-parents et, en plus, j'ai mon cours d'informatique.

– Ce n'est pas grave, dit-il, tu préviens tes grands-parents et ton prof d'informatique que samedi tu ne pourras pas les voir… Tu passes deux petits coups de téléphone, et c'est réglé !

Pour Fernand tout a l'air facile. Pour moi ces « deux petits coups de téléphone », c'est « Mission impossible ».

Je suis très embêté, et je lui réponds :

– Je ne pourrai vraiment pas...

– Pourquoi ? insiste Fernand, tes parents vont te manger si tu viens à mon anniversaire ?

– Tu sais, ma mère est gentille mais pour ces choses-là, impossible de discuter. Tiens, regarde ce qu'elle m'a offert pour mon anniversaire.

Je lui tends l'agenda ouvert à la page de l'emploi du temps.

Fernand siffle :

– Purée ! Tu respires quand, là-dedans ?

Je ne réponds pas. Fernand énumère :

– Solfège, judo, rattrapage de maths... Mais tu es bon en maths !

– Pas assez pour mon père.

Fernand pose sa main sur mon front. Il tire ensuite ma paupière, fixe le fond de mon œil :

– Tire la langue !

Il inspecte le fond de ma gorge.

Je repousse ses mains :
– Qu'est-ce que tu fabriques ?
Fernand prend un air profond et sérieux :
– Hier, sur la Cinquième, il y avait un reportage sur un type qui travaillait tout le temps, comme toi, un businessman*. À force de trop travailler, les yeux du gars se sont agrandis, ça a contracté ses vaisseaux sanguins, qui se sont noués autour du cœur.

* Un businessman est un homme d'affaires. Ça se prononce « biznessman ».

— Et alors ? j'ai demandé.
— Et alors son cœur a étouffé et, petit à petit, le bonhomme est devenu agressif avec sa famille. Ses doigts sont devenus secs, il a même perdu un ongle. Sa femme et ses enfants l'ont quitté...

Je demande, horrifié :
— Et comment ça s'est fini ?
Fernand hausse les épaules :
— Bah ! Ensuite il est mort !

3
Bonne nuit, mon chéri !

Plusieurs fois dans la soirée, je tente de parler à maman, mais je ne trouve pas le courage.

Finalement, pendant les informations, je me serre contre elle, et je me lance :

– Samedi prochain, c'est l'anniversaire de Fernand. Toute la classe est invitée…

Maman continue de regarder les infos.

– Fernand ? demande-t-elle distraitement. C'est un copain de ta classe ? Tu sais bien que, samedi, ce n'est pas possible. Papi et Mamie rentrent de voyage. En plus, tu as ton cours d'informatique. C'est fondamental, tu ne trouveras jamais de travail si tu ne sais pas te servir d'un ordinateur, et puis…

Et puis… Elle ne termine pas sa phrase parce que le téléphone sonne. Elle répond.

C'est une copine qui l'appelle. Ça va durer des heures, alors je lui fais un bisou et je vais me coucher.

Je me blottis sous ma couette. J'essaie de dormir, mais mes yeux ne veulent pas rester fermés.

Ça m'arrive souvent, d'avoir du mal à m'endormir. Je n'arrive pas à respirer. C'est comme si quelque chose m'écrasait la poitrine.

Je vois la figure de Maman. Elle est belle. Mais aussi, elle me fait peur.

Elle parle à ma place, elle décide à ma place. Elle est assise dans moi.

Je ne peux pas le lui dire. Elle serait triste. Et papa ? J'essaie d'imaginer papa à côté de maman, mais je ne vois qu'un bloc de pierre gigantesque.

Je retourne ma couette pour retrouver mon lapin-doudou. Je le serre contre moi. Finalement, je m'endors un peu.

4
Il faut réagir

Le lendemain, à peine arrivé à l'école, Fernand me demande :
– Alors ? Tu peux venir à mon anniversaire ?
Je secoue la tête :
– C'est double non. Je le savais ! Laisse tomber.
– Il faut réagir ! clame Fernand. Ne te laisse pas écraser comme un hérisson sur une route. Bouge, bats-toi !

Fernand me sidère toujours avec ses expressions farfelues. Heureusement, il me pose une question normale :

– Tu as vu les infos, hier soir ?

– Oui, mais non… J'essayais de parler à ma mère.

– Ah, ce n'est pas grave, je vais te raconter.

Fernand me parle du reportage sur les diverses grèves qui paralysent le pays. Les copains, intrigués par ses grands gestes, se groupent autour de nous.

– La grève, explique Fernand, c'est le meilleur moyen d'obliger les patrons et les ministres à t'écouter. Ils sont obligés d'être d'accord avec toi, à la fin.

Ça me plaît bien, cette méthode. Je lui demande comment il faut faire.

– Oh, il y a plein de façons ! Tu peux arrêter de travailler, faire des embouteillages, peindre des banderoles et crier très fort. Mais, pour ça, il faut être plusieurs. J'en ai vu un qui s'était attaché à un arbre et qui avait écrit « NON » sur sa figure. Pour toi, le mieux, c'est de t'asseoir par terre, comme ça…

Fernand s'assoit en tailleur sur le sol de la cour. Il croise les bras, puis il fait une grimace qui lui donne des allures d'homme des cavernes essayant d'hypnotiser un hamster.

Les copains et moi, on trouve ça rigolo, et on s'assoit tous à côté de lui, dans la même position.

Le directeur arrive alors en courant :

– Eh bien, les enfants ? Quelque chose ne va pas ?

– On apprend à faire la grève, M'sieur.

Le directeur soupire bruyamment :

– On aura tout vu !

5
C'est pour ton bien

Aujourd'hui, c'est mercredi. Quand Maman me dit : « Debout », je reste au lit. Quand elle me dit : « Habille-toi », je garde mon pyjama. Quand elle me dit : « Mange », je repousse mes céréales.

Et quand elle dit : « Dépêche-toi un peu ! », je m'assois par terre, les bras croisés comme Fernand me l'a montré hier.

Maman s'immobilise et ses yeux s'arrondissent :
– Qu'est-ce qui te prend ? Qu'est-ce que tu as ? Ça ne va pas ?
– Je fais la grève !
– Quoi ?

Sa voix s'éraille, elle a un sourire moqueur. Évidemment, elle ne me prend pas au sérieux. Je resserre les bras, les jambes et je fronce les sourcils avec plus de conviction* :
– Je fais la grève ! Et je suis prêt à continuer même les jours d'école !

* D'un air encore plus sûr de moi.

Maman secoue la tête. Elle enfile ses chaussures à hauts talons, en sautillant sur un pied puis sur l'autre jusqu'au portemanteau, où elle attrape sa veste. Elle soupire :
– Mon poussin, je n'ai pas le temps de discuter.

Elle pose la main sur mon front et me dit :
– Tu n'as pas l'air fiévreux, pourtant ! Allez, il faut que je file.

En attrapant son sac à main, elle poursuit :
– Madame Léonce va arriver d'une minute à l'autre, tu verras ça avec elle.

Elle jette un dernier coup d'œil au miroir pour vérifier son maquillage :
– Réfléchis bien. L'école, c'est important pour toi. Ton avenir se décide dès maintenant.

Elle se penche vers moi et m'embrasse sans me toucher la joue pour ne pas abîmer son rouge à lèvres.

La porte se referme en coup de vent.

Et, moi, je reste là, comme un vieux trognon, les bras, les jambes et la figure coincés en position de gréviste.

Puis la porte s'ouvre à nouveau... Maman ?

Non, c'est madame Léonce. Elle me trouve là. Je suis assis par terre, perdu dans mon pyjama. Un sourire tendre arrondit son visage.

– Tu es malade, mon poulet ? demande-t-elle.

Elle dépose son cabas rempli de beaux légumes du marché.

J'ai envie de me serrer contre madame Léonce, de me perdre dans son grand manteau, de me blottir dans ses bras aux mains immenses. Doucement, sans même me relever, je glisse vers son cabas.

Madame Léonce, qui comprend sans les mots, sort du cabas un petit paquet. Elle fait craquer le papier glacé : une odeur de beurre chaud s'échappe du paquet.

– Un far aux pruneaux, tu aimes ça ?

6
La grève se durcit

Jeudi matin, je retrouve Fernand. Je lui annonce l'échec de ma grève...

Fernand se gratte le menton comme s'il avait une barbe épaisse qui aide à mieux réfléchir.

– Il faut durcir ta grève, me conseille-t-il. Pour qu'une grève soit efficace, il faut qu'elle dérange, il faut qu'elle embête l'adversaire à un point tel qu'il en devienne fou.

Fernand n'a pas besoin d'en dire plus.

Le soir, après l'école, je ne vais pas au rattrapage de maths, mais je rentre directement à la maison.

Je fais des réserves de nourriture : lait, gâteaux, pain, fromage, moutarde et sauce chutney (la forte, celle qui décroche la langue).

Je fais une pile de mes bandes dessinées préférées, j'ajoute un ou deux livres au cas où ça se prolongerait, plus une lampe de poche.

Et je m'enferme dans les toilettes.

À six heures, Maman arrive à la maison.

Quand Maman rentre, la première chose qu'elle fait toujours, c'est d'aller faire pipi.

Je crie depuis l'autre côté de la porte :

– C'est occupé !

– Tu n'es pas à ton cours de maths ? demande-t-elle en retirant ses chaussures. Dépêche-toi de sortir, je vais exploser.

– Non, je ne me dépêche pas. Je ne sortirai que si tu me laisses aller à l'anniversaire de Fernand.

– QUOI ? s'écrie maman.

Je ne répète pas. Je sais qu'elle a très bien entendu.

– Gabriel, sors d'ici tout de suite, il FAUT que j'aille aux toilettes.

– Je ne sors qu'à une seule condition…

Maman soupire très fort :

– Je t'ai déjà dit « non », et tu sais pourquoi. Maintenant, sors.

Mon silence est ma seule réponse.

Maman s'énerve si fort qu'elle frappe du poing sur la porte :

– GABRIEL, SORS !

Cette fois, si je ne réponds pas, c'est à cause de la trouille. Je sens un poids écraser ma poitrine. Les mots sortent malgré moi, pleins de colère :

– NON ! JE NE SORTIRAI PAS.

Et les mots continuent à sortir de ma bouche, comme tirés par une locomotive :

– Tu n'as qu'à faire pipi dans la baignoire, ou dans un seau, je m'en fiche. Je m'en fiche de toi parce que tu t'en fiches de moi. Tu décides tout pour moi, tu ne penses qu'à ton travail et à tes copines. Je n'ai pas le droit aux dessins animés, tu ne veux pas me faire de vrais bisous le matin et tu ne cuisines que du surgelé. Je te déteste !

7
Après la tempête

Maman demande d'une voix fatiguée :
– C'est tout ?
– Non…

Je continue avec encore plus de difficulté :
– Pour Noël, je veux un cadeau qui me plaise à moi, et pas à toi…

Il y a un silence. Maman est soufflée par ma remarque.

– Et quel est ce cadeau ? demande-t-elle comme si elle s'attendait au pire.

Ma voix devient toute petite, mais elle est ferme :

– Je veux un robot Dexter lance-torpilles.

– NON !

La réponse est ferme, elle aussi. Ma mère reprend :

– Je t'ai dit mille fois que ces jouets sont trop violents. Je ne veux pas que tu joues avec ces saletés.

J'ai envie de casser la porte, de casser les WC, de déchiqueter tout le papier. Qu'est-ce qu'elle en sait, maman, de ce qui est bon pour moi ? Je lui renvoie, furieux :

– Toi, tu mets bien des minijupes !

Nouveau silence.

– Je ne vois pas le rapport, répond-elle plus calmement.

– Eh bien, toi, tu n'aimes pas que je joue avec des pistolets et des robots. Et, moi, je n'aime pas que tu mettes des minijupes.

Ce qui est extraordinaire, avec les disputes, c'est qu'on découvre tout à coup qu'on a des choses cachées au fond du cœur, qui nous dérangent, qui nous grignotent. Mais, pendant une dispute, ces choses-là sortent presque toutes seules. Les mots glissent sur la langue et filent entre les dents.

Maman en est tout aussi surprise que moi :
– Et pourquoi tu n'aimes pas mes jupes ?
Les mots continuent à sortir :
– Je n'aime pas qu'on te regarde… Tu es ma mère, t'es pas une fille.
Le silence dure longtemps cette fois. Finalement, à travers la porte, la voix de Maman est redevenue douce :
– J'ai l'impression que, toi et moi, on a besoin de discuter, comme des grands. Mais pas à travers une porte. J'ai peut-être été un peu dure en t'empêchant de regarder les dessins animés et de jouer avec tes… robots Lexter…
– Dexter !

– Comme tu veux. Mais, toi, tu n'as pas le droit non plus de me dire comment je dois m'habiller, ni me reprocher de voir mes amies. Allez, ouvre maintenant.

– Et pour l'anniversaire de Fernand ?

Elle soupire :

– C'est d'accord.

J'ouvre la porte, et Maman me prend dans ses bras. Elle me couvre de bisous en murmurant :

– Quel sacré bonhomme tu fais, toi alors.

Pour l'anniversaire de Fernand, je lui ai offert un robot Dexter lance-torpilles. Fernand m'a remercié ; puis il m'a fait remarquer qu'il a passé l'âge de jouer avec des robots. Ça m'a fait un choc.

Mais on a continué à bien rigoler ; et ça, c'est le principal.

Depuis, il y a beaucoup de choses que j'ai changées sur mon agenda. Je n'ai pas pu tout retirer, mais avec maman et avec papa, on s'est mis d'accord. Maintenant, c'est moi qui choisis mes activités et, en premier, j'inscris les anniversaires de tous mes copains.

J'AIME LIRE — Des premiers romans à dévorer tout seul !

Édition

 Réfléchir et comprendre la vie de tous les jours

 *La maison de mon grand-père*
 *Mon meilleur copain*

 **Rire et sourire avec des personnages insolites**

 *Crapounette à l'école*
 *Alerte : Poule en panne !*

 **Se faire peur et frissonner de plaisir**

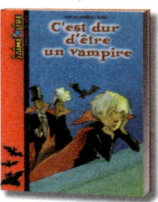 *C'est dur d'être un vampire*
 *La nuit des squelettes*

 **Rêver et voyager dans des univers fabuleux**

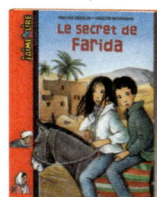 *Le secret de Farida*
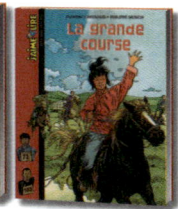 *La grande course*

 Se lancer dans des aventures pleines de rebondissements

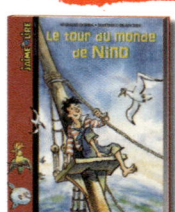 *Le tour du monde de Nino*
 *La villa d'en face*

Tes histoires préférées enfin **racontées !**
J'écoute J'AIME LIRE

 *La confiture de leçons*
 *La charabiole*
 *Le mot interdit*
 *Les cent mensonges de Vincent* — *Victor, l'enfant sauvage*

J'AIME LIRE 100% lecteurs !

Presse

Le magazine *J'aime lire* accompagne les enfants dans des **grands moments de lecture**

Une année de *J'aime lire*, c'est :

- **12 romans de genres toujours différents :** vie quotidienne, merveilleux, énigme…
- **Des romans créés pour des enfants d'aujourd'hui** par les meilleurs auteurs et illustrateurs jeunesse.
- **Un confort de lecture très étudié** pour faciliter l'entrée dans l'écrit : place de l'illustration, longueur du roman, structuration par chapitres, typographie adaptée aux jeunes lecteurs.

Chaque mois : un roman illustré inédit, 16 pages de BD, et des jeux pour découvrir le plaisir de jouer avec les mots.

Pour en savoir plus : www.jaimelire.com

 Et d'autres collections de livres pour les 7-11 ans

Des romans pour mieux vivre les petits soucis quotidiens

Chaque histoire est suivie de conseils pratiques et malins pour les enfants qui se reconnaissent dans les histoires de Lulu.

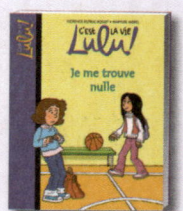  

Lulu est un personnage du magazine

Princesse Zélina Et d'autres collections de livres pour les 7-11 ans

Des romans d'aventures et d'amour

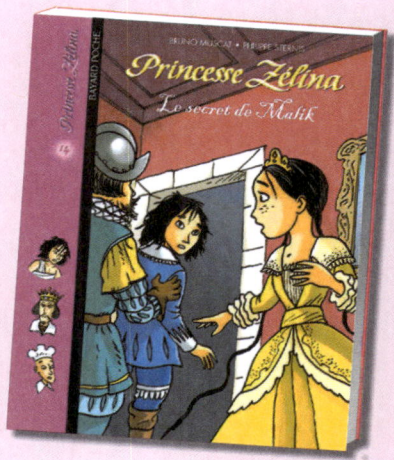

© Philippe Stemis

Des romans pleins de rebondissements avec l'intrépide princesse pour héroïne.

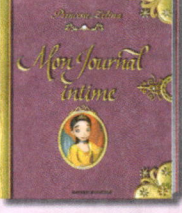 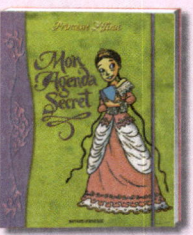 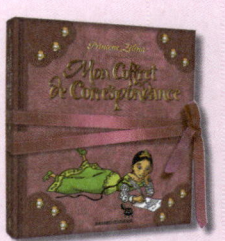

Un journal intime à partager avec Zélina. À lire et à compléter.

Un véritable agenda avec des informations inédites sur la princesse, des conseils pratiques et des autocollants.

Du papier à lettres, des cartes, des enveloppes, réunis dans un merveilleux coffret.

Zélina est un personnage du magazine

Achevé d'imprimer en avril 2008 par Oberthur Graphique
35000 RENNES – N° Impression : 8478
Imprimé en France